Lyrik | Skarabæus

barbara hundegger

rom sehen und

april 05
gedicht-bericht

Skarabæus

angeregt durch jpII, bXVI und das zeitungswesen

»If God is a DJ
Life is a dance floor
Love is the rhythm
You are the music

If God is a DJ
Life is a dance floor
You get what you're given
It's all how you used it«

(Pink)

sag kurz wie es war

ewig das ewige einer erschöpfung
in dir ging sie mit diese schwäche
die rom nichts abrang aber was
rom dir von sich aus gab nahm

vor rom 1

am freitag noch kleben an graben nach winden
in dem was ist bruderstreit halblaut abgemagert
an den er sich nicht erinnern wird mit dem glas
in der hand demsoundsovielten du kochst er
streitet ab am samstag noch mittagessen mit
ziehsohn du kochst er isst er brodelt vor lauter
matura im anzug pfeilbereit alles gereizt dann
friedhofsrunde mit-mutter-stunde am rand des
stets frisch schweigenden vatergrabs sich nun
in eile die widerreden sparen gießen nur nicken
sie klettet du bockst dieser phallusraum den du
hier ablehnst indem du ihn abdeckst und was
daran gut und recht ist und dabei bleiern leer

zeitungsluft

blätterwälderaufbau titelbalken unabhängig überparteilich
aktuell impressum politik weltjournal chronik tagesspiegel
anzeigen thema heute beilagen spezial bildung ausbildung
fortbildung bildungs-upgrades lebenslang stellengesuche
arbeitsmarkt personalien prognosen sonne mond wetterlage
luftschadstoffe hauptwindrichtungen inland regionen länder
europa ausland international begleitungen dienstleistungen
kontakte partnersuche reisen rendezvous vermischtes leute
umfrage leserbriefe letzte meldung klarstellung todesanzeigen
feuilleton fernsehprogramme veranstaltungen freizeit hinweis
kino tipp kurz-kultur bücher in kürze weitere werte börsen und
märkte marktübersicht kapitalmärkte geldmärkte finanzmärkte
marktplatz zahlen fakten sport sportresultate sportüberblick
sportrückblick sportvorschau badminton curling dreisprung
squash sportfischen sportschießen pferde orientierungslauf

vor rom 2

auf noch einen sprung tiergartenstraße dein
längster lebensankerplatz über lieben kinder
tode verschlissene jahre höhen zugluft hinaus
würfelallianzen vorletzte zigaretten eine noch
eine haben wir noch immer einst sind das tage
geworden jetzt stunden mit anfang und schluss
exzesslos nach den exzessen laut abgangszeiten
eher zivilisiert altern wir her neben der häufung
diversen scheiterns tauchen tröstlich kollektiv
krisenherde rückenleiden liebesdebakel immer
wahnwitzigere selbstbefunde auf wir spielen

zeitungsluft

eben wissen also worauf es ankommt allen
falten zum trotz sich erhalten acht machen's
billiger so günstig kann sparsam sein gesundheit
muss stärker privat finanziert werden ausdruck
ihrer persönlichkeit beruhigt zur operation keine
angst der sieht nur teuer aus schlüsselfertig ist
nicht alles aktive erholung ab nach gran canaria
gratispackung gewinnen jetzt auf kur wohldosiert
der blick zurück die pflicht zur brutpflege müder
teint perfekter frühjahrsglanz die demonstrative
putzkolonne fünf kilo in zwei wochen surfen in
testsiegerqualität bonus-shopping rund um die
uhr kinderbetreuungslücke pflegenotstand

vor rom 3

bo. umtriebig wie immer schon lang vor dem
außerhausgehen im haus außer haus abends
halb zehn du vergurtest deinen koffer stirbt er
dann doch der polnische papst petersplatztotale
fenstergroßaufnahme zimmerlichträtsel ein später
glockenschlag menschen knien vor diesem bild
stellt sich innen dein monat das nun doch kommt
auf bo. umtriebig wie immer noch lang nach
dem außerhaussein im haus außer haus

zeitungsluft

gespräche vertagen überschüsse verdoppeln ehrgeizige ziele haben aus visionen werte schaffen kapazitäten in der containerschifffahrt verlässliche gewinnquelle zugang über dachfonds dividendenstarke titel für jeden anlegertyp die passende variante was derzeit möglich ist unternehmer aus leidenschaft extra-services spezialfinanzierung exklusive verhandlungen mit potenzial externes know-how ebnet die wege zum fremdkapital erfolg auf umwegen risikogerechte margensteigerung im kreditgeschäft aktien von goldmünzen wieder gefragt die hauptversammlung wohin das geld fließt richten der energie in die gleiche richtung dynastien newcomer außenseiter sie haben alles außer lust zu warten man lebt nur einmal wir zeigen ihnen wo golf wald pool u-bahn vor der türe preise gut alles gut achte auf die details des lebens

vor rom 4

sonntag eurostar-italia in aller
herrgottsfrüh mautstellenreif
autobahnleere bo. fährt redet
nicht viel bahnhof bozen taugefühl
das sich auf nichts baut viel zu
laut kopfsteinpflasterkoffergeratter
für diese tageszeit bahnsteigresti
überkopffernsehen macchiati einzeln
bargeklapper wie von fern ganz nah
rundum das dörflichschweigen bo.
gläsern du trinkst aus vorausrauchen
draußen küsst ihr euch nicht wirklich
besprochen was zu besprechen war
ernüchterungsschmerz kleinwüchsig
diese trauer ihren glanz hinter sich
delirienjahre abstand undenkbar
aber wahr im mund das süße ein
zeitmahl das vor dir liegt bo. hüftig
sie weiß es ihr wisst es beide wie
etwas doch immer zittert in dir

zeitungsluft

schmeißt man ihn nun aus dem stadl diese heidi
dürfen nur promis sehen vorteil anna schaut sie
nicht wie der papa aus talkmaster schreibt an den
toten kollegen die weiche seite der gewalt denken
aus dem dekolleté der traum des dirigenten geld ist
geld ohne mann wärst du ein nichts so läuft das die
perfekte ehe werden das kind schon schaukeln mit
65 wechsle ich keine windeln mehr ganz alte schule
staranwalt das wird teuer lachend ins gericht is' was
doc und ab durch die mitte venusfalle schnappt nicht
mehr zu alt fürs tv nun also doch kristallkönigin angelt
sich minister zum glück hinterlassen abschiedstränen
keine flecken auf nappaleder papa schau wie schön ich
schon tanzen kann das brutale ende einer heilen welt

roma centro 1

ankunft termini deine cousine
erwartet mit erwartung dich im
spätnachmittagslicht lehnt sie
dünn von weitem ihr gang ihre
haltung die sich tantenseitig hält
gut kennst du dieses signorahafte
im abgrundnahen landlordbehaftete
knapp vor dem fall wie es seit jeher
figurenmäßig deine familienfamilie
durchzieht ab der ersten sekunde
zwischen euch ferne nähe die mehr
für möglich hielt immer als kam nach
den winzigen zimmern nächtlichen
dramen aus denen ihr beide kommt

zeitungsluft

flaggen auf halbmast mitteilung per e-mail ich bin
david ich singe ein lied warmherzig klug fromm
durchsetzungsstark eines der geheimnisvollsten
rituale hoffen auf letzte instanz die magie der
schlichten worte vorkämpfer frieden freiheit hirte
der völker einer gegen alle grazie papa herzchen
für den pontifex die rettungsringe der pfarrersfrau
blumen gesänge gebete licht in seinem fenster
zeichen für das ende skurrile ungleichzeitigkeit als
der camerlengo vernehmlich zweimal karol rief
handys schneller als kompliziertes regelwerk zur
feststellung des todes glocke aus dem rhythmus
nach 27 jahren brechen des päpstlichen siegels
die botschaft das war er heimgekehrt ins haus
des vaters heilsames sterben gelungene predigt
halbe wahrheit roms zeichen das monsterspiel

roma centro 2

der surrende kampf um fahrspursegmente
meter lücken zwischenstreifen carabinieri
bewaffnet eine sirene heult immer auf das
vollgasgeben vorm abbremsenmüssen dem
absehbaren das nochfluchen dabei schon
im anschlag die mps uniformierte ungerührt
bienenschwarmhaft motorino-trauben vor
ampeln auf plätzen pistolen in den gürteln
bankbewacher mit blickbrillen samt sonne
kupfern wie bestellt büßerstiegengemurmel
helikopterkreise hupduelle betteltrupps
klarinettenliedleitern kirchenschattenlang

zeitungsluft

alles folgt dem großen plan globale wallfahrt nach rom
erwartet zwei millionen pilger das gefühl des glaubens
wer glaubt ist nie allein bad in der menge hautfarbe und
herkunft sind weniger wichtig frieren für den papst der fuchs
auf dem felsen ein denkmal in warschau ein stück polen die
gefangenen des vatikans 1,16 millionen flugkilometer um sie
zusammenzuhalten die kirche kursmünzsatz jpII 9,50 euro
portofrei überzeugend notgemeinschaft die gegenmacht
ich bin heiter seid ihr es auch die schwer verständlichen
worte wurden von den mitarbeitern rekonstruiert erstmals
offiziell bestätigt dass er an parkinson litt große dinge sagt
ein polnisches sprichwort sprechen sich am besten durch
schweigen aus die stärke der eigenen mittel die schwäche
der gegenspieler johannes-paul-allee santo subito applaus

macchiato-denken 1

während sie noch glaubte
ich erprobte eine laune ich
noch hoffte die ginge vorüber
an mir an ihr während wir
noch taten als gäb's nur
tage die vergehn fristen
die gelten zeiten die sich
legen kamen weilen ohne
ton strecken die minuten auf

zeitungsluft

abschied addio santo padre sieh es oh
seele an der bahre ist religion relativ die
trauer der widerspenstigen mittler zwischen
feindlichen welten trauern oder spielen die
letzten 97 minuten begannen um 20 uhr fest
der göttlichen gnade kranksalbung viaticum
anwesend sekretäre monsignores pfarrer
erzbischöfe ärzte kardinal und schwester
sobodka die drei nonnen die ihn pflegten
er hat sich für uns hingegeben einzigartig
unser modell der weinverbrauch könnte
verdoppelt werden heute papst morgen
dalai lama auf der suche nach einem
glück ein letztes amen unser großer
weißer vater bitte keine märchen

roma papamania 1

pilgerstromdelta petersplatzmassen
stündlich vermehrt die menschheit
sich hier im stehen wie nebenbei
zentimetergewinne häuserfluchten
plastikgrüne wasserflaschenberge
absperrgitter entlang bei übertritt in
straßenzüge mit direktem sichtkontakt
bricht teilweise erheblich übermüdet
kleingruppenlandgewinnjubel aus
flaches flaggenkreisen geknickt
von stunden anstellerei ebbt ab
in halbmastblicke richtung immer
noch ferner flimmerndes portal

zeitungsluft

aus festungsmauern wurden kolonnaden letzte absolute
monarchie er stand wie der anker im himmel die weltmacht
auf dem dorfe der heilige schein tapfer treu bis in den tod
diözese muss missbrauch zahlen wabernde gerüchte und
kein ende die mächtigen der welt verneigen sich das wunder
wie haben die chaoten das bloß geschafft kampfjets fangen
kleinflugzeug ab protokollgemäß castro der heuchler bush die
roben des papstes im schaufenster von gammarelli santo santo
die kraft des wahrhaftigen bankomat mit lateinischer aufschrift
auch die schweizergarde hatte ihre skandale immer im dienst
beichtbrigade fabbrica di san pietro der vatikanische bautrupp
hebt das loch im boden aus ein kleines weißes schwimmbad
teilnahme steht kanzler-gattin kniet großes kino sammeln

roma papamania 2

via della conciliazione am engelsburgende
gegensonnengleich scheinwerfermaximierung
satellitenschüsselgürtel sendewagenhäufung
logomeer strahlen blenden reflektorenwälder
surrend tv-invasion dieselaggregate ratternd
motoren drähte gestank angezapfte lichtmasten
best boys emsig kabelverstrickungen platzweit
darüber gerüstgestrüppe halbhoch kameraleute
darauf moderatorinnentorsi reporteroberhälften
make-up-routinen laut bildausschnitt ausleuchtung
optimal zu ihren füßen mikrofonwettläufe gegen
grassierende straßeninterviewmüdigkeit please
please wird gejagt nach passantinnen passanten
die nicht sofort schon flüchten vor den rasenden
duos schulterkamera tonbandfinger bereit ein
zwei fragen hetzen sie knieweich windschief
von gerätschaftsgewichten halbwilligen nach

zeitungsluft

der papst im sarg abschied von jpII beerdigung der
superlative wir blicken auf die größte trauerfeier in
der geschichte des christentums glocken die den
tod begleiten das glück der reinen heiterkeit fällt die
revolution ins wasser gottes beharrlicher rebell ein
einbalsamierter leichnam übergang in die äußerste
erstorbenheit langes offenes leiden zwischen amt
und charisma vorhaben erhabener größe weltgipfel
der trauer putin und beatrix fehlten papst-vetter blieb
zuhaus nur der mensch bestattet seine toten in drei
särgen wird er ruhen zink zypresse nussbaum ich
habe ehrlich um den papst geweint ich konnte die
tränen nicht zurückhalten leeres papamobil rührt
ganz mexiko sein testament millionen fluten rom
geschlossene stadt die wichtigsten trauergäste

roma papamania 3

vatikanstaat-staatskarossenauffahrt
tiefschwarz panzerung an panzerung
alle gleich beflaggt mit den fähnchen
gemäß ihrer latifundien alle dabei alles
da präsidentensippen kaiserschatten
kanzlertrosse königinnenverschleierung
glanzlackpoliert eskortiert akkordiert
auftritte im trauerfach bei lebensgefahr
für alle rundum sicherheitsfunkgerempel
urlaubssperrenstimmen nach tagen
schlafentzug häupterblockabfertigung
topbewaffnet hochgereizt gesperrt
in sekunden ganze pisten bremsfrei
quer durch die stadt anhalten für
nichts und niemand sie kommen
mit tempo hundert an der pforte an

zeitungsluft

motorengeheul gegen rosenkranzgemurmel mammon
gegen heiligkeit sponsoren drängen ins bild erst das
geschäft dann die religion unanständig in den stadien
wo jpII die messe gelesen hat angst vor fankrawallen
wie sie jedes wochenende auf dem spielplan stehen
plätze immer voller kirchen immer leerer ordnungskräfte
zum petersplatz absagen tätlichkeiten zugschaffner derart
wüst mit allem beworfen dass er in die klinik kam um den
papst zu ehren hätten wir besser gespielt traute sich der
kapitän zu sagen sizilienderby ebensowenig angepfiffen
wie unzählige bolzereien in entlegensten dörfern dabei
der sportlichste papst aller zeiten in badehose das hatte
die welt nie erlebt ließ den giro d'italia vorm petersdom
starten hat sich in einen ferrari gesetzt war ehrenmitglied
beim fc barcelona lud die squadra azzurra zu sich ein
und nun zehntausende unter freiem himmel eine riesige
trauergemeinde schlafen in den stätten des spettacolo

roma papamania 4

anderntags in der gegenanstellschlange
aus einer laune heraus machst du mit
acht winzige nonnen in grauweißtönen
indonesisch krankenschwestrig kommen
sie dir vor enthemmt entäußert gespickt
mit spitzen stimmen von entschlossenheit
beseelt nehmen sie anlauf aus händen
du fragst dich wohin alles steht keine luft
nicht einmal regen zwischen den schultern
kein platz auf dem platz aber nach nur zwei
zigarettenlängen zaubertrickartig sind sie da
unsichtbar überrundung auf halbkörperhöhe
von allen seiten wieselflink nicht einmal
gedanken keine gebote wie machen die
das haben zwischen uns auf dem platz
platz sie schon sie sind schon vorn

zeitungsluft

bizarrer personenkult santo subito sonderzulage
für vatikanangestellte dank ans personal alle guten
alle bösen dienstende am hofe des papstes voran
der zeremonienmeister er hatte ihm 18 jahre lang
gedient an seinem antiken tisch bereitete er jede
messe mit skizzen und fotos generalstabsmäßig
vor tempi passati nach dem alten regular hatte bis
freitag alles leergeräumt zu sein als sekretär des
dahingeschiedenen papstes sollte man besser nicht
hierbleiben sie haben sich beim schifahren in den
karpaten kennengelernt dritter im bund der präfekt
des päpstlichen hauses jetzt werden sie spöttisch
die drei für ein ave maria genannt sonnenkönig
im regen inmitten der massen doch ganz für
sich planet der schlaffen auf lasst uns gehen

roma papamania 5

aus jedem dach jedem loch jedem
alfa jedem statuenrücken jedem tor
den brückenpfeilern glockentürmen
schaut ein lauf auf die straße gehen
in fadenkreuzen stehen zielrohrblick
im genick scharfschützenahnung volle
magazine kanaldeckelkontrollen nervös
die luft von männerehrgeizen geduckten
geschoßen ungeschossenen schüssen
die warten auf wen rom wie das ist
wenn man den papst zuhause hat

zeitungsluft

der versuch einer aufklärung mission im
rückwärtsgang mehr raum für intuition halt
nicht jedes jahr schwanger sie hat es wieder
getan inzest-mutter mit viertem kind der preis
der milch schock trotz abtreibung frau gebärt
baby könig wie bauer zuversichtlich es gibt
wieder eine an seiner seite neues glück die
meine ist fünf jahre auf den strich gegangen
und ich hab geglaubt sie sei chefsekretärin
anschiss halbweltblues kein vertrauen warum
sind fische so bunt klar es hat was mit sex zu
tun ein aquarien-fan der studierte vater zu viel
zeit für die kinder was eltern alles im geheimen
für ihren nachwuchs tun leben ein kick mit links

roma papamania 6

der regen also eine
waschung kein regen
mehr der wind also
ein in den menschen
blättern kein wind
mehr der himmel
kein himmel mehr
auge also das
auf rom schaut

zeitungsluft

monaco weint fürstentum der tränen monaco trauert um
rainier monaco betet am sarg des toten fürsten der alte
löwe von monaco ist tot gefaltete hände seine 21 orden
an der brust die teuerste stadt der erde wir sehen eine
kleine traurige schar multimillionäre die ihr oberhaupt
verloren hat prinzessin der tränen caroline am grab des
vaters was geht in der frau vor in der palatin-privatkapelle
der grimaldis warum muss gerade diese familie so viel
leiden erst sollte er marilyn dann die kelly sagte was soll
ich mit dem kerl adel ehelichte schönheit und geld monaco
gerettet eine wichtige frage waren rainier und grace immer
treu eine festung nur monegassen und ehrengäste wieviel
grimaldi steckt in diesem mädchen jung ledig fürst sucht
prinz albert rainiers wilde schwester die hoffnung von
morgen der kleine welfe teenager-madonna gefallener
engel der rätselhafte blonde lieblingstochter stephanie
playgirl witwe ihrer gefühle ein schattengesicht konnte
ernst-august die feier verfolgen fragen zur beisetzung
in der ersten reihe rührend trottete rainiers treuer hund

roma centro 3

ziehsohn-smse charakteristisch am
display seine buchstaben richten sich
beine bilden tierchentiere aus kriechen
los organisiert in gewesene jahre die
ihr nun lassen sollt aus schatzsuchen
trickzaubern lego-tagen im vorlesen
marathons wörterjongliernummern
eure debatten um wer's jetzt besser
kann er oder noch du seine wesen
entklappen tragflächenflügel vom
handy aus heben sie ab ihre nasen
föhnfest verwegen geschnitten in
kurven sitzen sie plötzlich fliegend
still wie manchmal ihr zwei einzigen
einwohner zwillingsvölker zweifach
ratlos eures rätselhaften lands

zeitungsluft

einer der letzten deutschen adeligen circa rang 450 der
britischen thronfolge ernst-august wenn mich jemand
anruft und will dass ich einen saufen komm dann mach
ich das ins visier des todesengels geraten ernst-august
auf intensivstation ernst resto in coma a monaco wir
haben nur was unsere sehr guten quellen melden liegt
er im sterben im fürstin-grace-hospital caroline bangt
um sein leben fürstenfamilie bestätigt ernsten zustand
von ernst-august das harald-juhnke-gedächtnistrinken
nicht verkraftet wird der kranke prinz nach deutschland
ausgeflogen hier schreibt die reporterin die ihn interviewt
hat ich spüre dieser mann hat den tod gesehen wieviel
leid kann caroline noch ertragen warum eine entzündete
bauchspeicheldrüse so gefährlich ist jetzt hat sie ihn
wieder ernst-august entlassen alkoholbeichte der prinz
will künftig den alkohol meiden eine beerdigungsfeier
nach der anderen das hält ja auch keine leber aus

roma papamania 7

sahst du sahen alle am ende dieser schlange
wie stadtviertel lang an deren anfang du durch
schiebung gelangt warst kein oberhaupt keine
heiligkeit die sich herausnimmt zu sagen dein
echtlieben liege falsch keinen frauenverächter
maximus unfehlbar keinen mit dem letzten wort
du sahst man sah in riesig roten schuhen unter
kuppelgold einen schon grauen mit schon zu
langen fingernägeln vom tagelang ausgestellt
sein ins gesicht geschrieben allen die stille
die nichts sonst erzeugen kann einen nur
noch toten schon sehr toten alten mann

zeitungsluft

klappe zu der morgen danach das golgotha
des gegenwärtigen kopf des steigers abzüge
kontrollieren china 3000 hinrichtungen match
für moskau ägypten terroranschlag absturz in
afghanistan kampf ums öl nigeria blutet wo
liegt dschibuti eigentlich krawalle die alten
kader unruhig vom atomausstieg noch weit
entfernt im amazonas teertrassen für die
totengräber des regenwalds es war einmal
babylonisches aus belgrad weißrussische
tristesse protest in nepal polizeiübergriffe
dementis amnesty prangert an basta con
l'occupazione eu-politiker kämpfen für ihre
luxuspension hör auf du machst dich kaputt
so neu folterdebatte in der zivilisierten welt

roma millina 1

der maler war zuerst da sein schlaf
kam vor ihm an dann du mit größtem
koffer samt quasi weltweit verwandtschaft
von innsbruck aus zuletzt per flieger spät
dafür sehr strizzihager der fotograf mit
ihm gekoche gelage geschichten von
thaur bis yucatan zogen wir unsere
boote durch den wein dann wankten
wir heim nordwärts seekrank in die
zimmer dreilichtige häfen an jedes
fenster spült ein anderes meer

zeitungsluft

zuschlag für punktet gegen dringt in osteuropa
vor setzt sich durch zeigt weiter auf fährt einen
erfolgreichen eisernen kurs industrie optimistisch
rasanter einstieg rohware devisen obligationen der
gewinn aus dem reinen versicherungsgeschäft hat
sich in fünf jahren versiebenfacht einträglich das
risiko erholt sich langsam wächst flott weiter sehr
gutes erstes quartal dax und wall street freundlich
erlös aus maut erneut gestiegen wer zaudert geht
unter wachstum durch altersvorsorge immobilien
zinsfonds optionsscheine anlagestiftungen kräftige
kursgewinne für spirituosenaktien ölpreis setzt den
trend most trusted brand schöner vertrauensbeweis
sprechen klar für sich die prämien höflicher beifall

macchiato-denken 2

nicht mehr haltmachen vor dem was
du inwendig weißt weiß auswendig
dich wie nichts sonst es brennt das
in dich geht aus dir kommt vor dich
fährt an dir wohnt um dich haust
eisschwer deine lippen auf ihnen
alter und schichtweise neuer und
sichtweise erst kommender schnee

zeitungsluft

maria schell einsamer tod pneumonia in preitenegg
carinthia auf der alm ihr schwaches herz hörte einfach
auf zu schlagen ihr lächeln unter tränen bis wir uns
wiedersehen mastroianni schneider superman kojak
ich habe eine woche rund um die uhr am bett meiner
mutter gewacht letzte brücke letzte nacht es kommt
kein tag engel mit posaune seit jahren in einer art
dämmerzustand sie hat ihre gefühle dabei als sehr
schön beschrieben brando cooper tagebuch einer
verliebten tatort heilig blut meine schwester maria
standing ovations nur wenige minuten nach ihrem
tod wurde die tochter auf teneriffa verständigt der
bruder erfuhr es in l.a. er buchte den rückflug ich
möchte den tod feiern ja die pflegerin war bei ihr

roma centro 4

parkbankaussicht budenrückseitenansicht
vorn verkaufen sie stand an stand vergilbte
postkarten verjährte kalender che-silhouetten
rosenkränze verblasste filmplakate hellbraun
marley-mähnen heilige kruzifixe sündenwarm
verhangen vom dekolleté der loren deinem
allerersten traum an schnüren aufgefädelt
calendario romano modelschön priester in
schwarzweiß 1-a-frisuren dreitagesbärte
lippentechnik unerreichbarblick uferreich

zeitungsluft

anpfiff starke mannschaft hängende spitze spaß im hagel affentanz im regen eine chance für die frustrierten nur noch fünf fußballgötter ich erwarte eine trotzreaktion zwei auf der bank ohne draht zum chef desinteresse stimmungsmache erstmals ohne gegentor willkür und widerstand bauern unter feinen leuten ruhe herrscht nur auf dem platz das schluckt er wirklich der feingeist soll endlich den anschluss schaffen für uns neue attacke aus dem hinterhalt zwangsablöse für kapitän anschlag auf den trainer geplant titanflex die brille für männer stabiler als das lattenkreuz restprogramm mehr geld er will bleiben 237 millionen euro fremdenfreundlichkeit

roma centro 5

aprilsonne sammeln an ufermauern
palazzohoch steilstiegen hinunter ans
wasser ein sandfarbenes band gesäumt
von verirrtem möwen büscheln dröhnen
steinen von staub einzeln afrikanern samt
gigantischen taschen darin taschen uhren
brillen mobil stabil nur ihr es gibt kein
dorthin zurück und dass was sie retten
könnte kein satz ist nur unter menschen
ein mensch vermutlich eine frau es pfeift
was haarscharf herunter eine plastikgrüne
flasche schlägt neben dem bootsstegrost
auf oben schimpft wer unten ziehen schön
frisierte kanuten ihre ruderschriften lautlos
dort vergessen den tauben tiber entlang

zeitungsluft

vorladung generalstaatsanwalt ermittlungen razzia
übers internet prozessflut rechtsunsicherheit kosten
vorwürfe gegen die finanzaufsicht gründer muss ins
gefängnis aktionäre attackieren chef guter ruf steht
auf dem spiel der mann im musteranzug ein bonbon
mit schlechtem beigeschmack schlüpfriges netzwerk
regulierung gefordert ein milliardengeschenk erheblich
teurer als bekannt der zorn der eigentümer brisantes
basteln am system mehr psycho-probleme der druck
nimmt zu wahrheiten über die rente das sterben der
policenfonds einzelhandelstalfahrt viren auf weltreise
überschätzter schutz kommunikationspannen an den
charttechnischen klippen widersprüchliche aussagen
bankrotter sieger kein wort vielleicht hat die konkurrenz
ihn nicht ernst genommen der geizwelle trotzen neue
fast-food-kampagne titel mami-ist-die-beste-medizin

roma papamania 8

timing du in rom und sedisvacanza
vaterherrenpapstlos zwischenatemzeit
unter wolken über köpfen lüften lüfte
sich aus engelsippen flügel baumelnd
pfeifen mehrdeutige fürbitten vom dach
geboteparodien auferstehungshilfen
verräterkusswettbewerbe hostien mit
illegalen zusätzen kommen darin vor
es thronen die spatzen die besonders
nach mehrmaliger kommunion lassen
sie in perfekter pose die huldigungen
an sie als momentane gottheiten wie
altgediente himmelsblütler heran

zeitungsluft

hier schmust die schöne tv-moderatorin mit
ihrer managerin nicht doch kinder rachefinale
rauchender colt witwensolo enthaltungsnoten
fußstapfen schwergewichtig gründe wer geht
wer bleibt kein schneller sex hausfrauenreport
aus hollywood fünfmal federleicht geleeblöcke
im netz gefischt zickenalarm am pool vier kerle
keine frau beiß mich hexe betrug ist ihr denn die
karriere wichtiger als ihre ehre süße blitzmädels
dackeljungs verliebt in gummi-gaby schönheit mit
imagefehlern schiffbruch der emotionen so klappt's
leere leinwand für große gefühle der trick mit der
pause vorsorge nachsorge gesundheitsgespräch

macchiato-denken 3

gütertrennung einverleibung
unterdosis sexgezeiten heißt
das am ende doch nicht alles
stichelstiche spuckegifte oder
doch gar alles lächelsänften
flügelflüge nehmen von ihr
hautkontrakte lippenwunder
fastenschneisen fersenton

zeitungsluft

nun nach 35 jahren wer wird kommen sagen sie heute
yes charles der traurige um 13 uhr 25 findet er sein glück
carlo e camilla nozze d'amore all'ombra di lady d. ein mann
ein auto zwei frauen die erinnerung wird er nie los warum
hat er sie nicht geküsst bei mir hat noch keiner das küssen
vergessen von mister bean bis mister blair die wichtigsten
festgäste eigentliche überraschung sie sah zauberhaft aus ist
ihre liebe wirklich stark genug für die kälte am hof queen
vergleicht hochzeit mit pferderennen eine wunderbare lady
sagt witzige dinge die man nicht erwartet darüber können
nur die briten lachen erster ehetag im rock prinz cool auf
sexsafari schaut seiner cousine tief in den ausschnitt sein
bruder prügelt sich beim rugby er soll könig werden nanu
bekommt er die glatze vom vater charles und camilla im
partnerlook perfekter gleichklang flitterwochen bei den
moorhühnern dabei hat diana es immer so gehasst

roma centro 6

bei allem was sie tun die frauen im raum
kosten nippen nicken immer gefasst aus
einem auge auf den nächsten fang sie
werfen an goldigen haken einzeln teile
von sich aus lippenstücke schenkellücken
brustgedecke ohrgehänge manche schon
rostig ins meer der kehlen das sucht sich
eine aus es beißt einer an darin verlässlich
wenn es soweit ist fische mit gegenhaken
im maul scharfem geruchssinn für lädierte
köder die nicht anders können als ködern
zerrissene schminken aus dem mund

zeitungsluft

blutige schauspiele für den heimatschutz irrer
legt handgranaten gegen kinder aus amoklauf
in stuttgarter kirche drei männer sterben bei
methanolgelage wies'n-schläger muss hinter
gitter liebeskrieg in sachsen endet mit einer
schießerei knalltrauma in aue zwei opfer nach
schüssen beziehungsstreit vater tötet seine fünf
kinder das schweigen der mutter mit fünfzehn
aus erfahrung gut ich mach mein diplom bei der
nummer 1 der natur auf die finger geschaut ein
abgrund ohne aussicht und einer hält erstaunlich
problemlos und immer mit offener gewaltmarkt im
hinterhof der geschichte britin liegt jahrelang tot in
ihrer wohnung verjährung entschädigung bleibt aus

roma centro 7

fallen dich firmament triefend
auf offener straße die handys
deiner familienfamilie an wirft
sich dein atmosphärenspeicher
der was alles war vergaß sich
behielt todeskrankheitsgewissheit
die doch nicht eintraf jahr um jahr
tag auf tag eskalationserwartung
alk-atem bis wohin dein schmerz
reicht riecht es nach krisennacht
auf krisennacht verlässlich wie
wetter immer eins das blüht mit
gewissen wirbeln essig blaulicht
stolpermärchen perückenlos
gegenwehr immer wer ob der
ob die vor dir versinkt in tränen

zeitungsluft

ich bin versaut und erfahren hör zu alles was deine
frau nicht macht hol ihn raus und ruf an fetisch fatal
devot orgasmusschule hör mich live stöhnen hose
auf geile seniorin vollbusig und unrasiert ran an die
hügel wild und pfundig kennt keine tabus privattreffs
diskret ohne profis frauen gratis sexhungrige mädels
aus deinem ort ich besorg's dir zuhause nymphomane
strohwitwe sucht echte kerle für hemmungsloses spiel
ohne höschen komm verdorbene teenie-göre nadine will
es endlich von hinten manuela echte telefonsexschlampe
corinna will nur ältere herren so wie ich bestraft dich
keine domina ariane ich will's noch immer oma grete
brandheiß neue girls frauen machen die schöneren brüste
männer bauen meist gummibälle und ich einführangebot
topaktion bin plastik-peter der bruder von gummi-gaby

macchiato-denken 4

als ich aufstand als gedeckt war mit
scheinen ihrem ihren beinen augen
flittchensätzenass als auf halbmast
ihre zungen an figuren alle die sie
macht ich nicht austrank den satz
den sie zahlte schallend nüchtern
aufbereitet keines ihrer gläser lacht

zeitungsluft

weiße soutane weiße mozzetta weißes pileolus
weißes schultertuch albe in weißem leinen gebunden
auf hüfthöhe durch ein zingulum seidenschleppe drei
finger breites weißes schulterband aus der ungefärbten
wolle eines gesegneten lamms eine berührungsreliquie
sechs schwarze gestickte kreuze darauf roter talar rote
strümpfe schwarzer talar schwarze strümpfe an festtagen
bizarre lila bischofssöckchen ganz nach italienischer sitte
kniehoch chorkleidung mit dreißig knöpfen aus rotem stoff
roter moiré-seidener umhang rote mozzetta rotes pileolus
birett schwarzer glanzfilz quasten verschiedener farbe für
kardinäle bischöfe kurienmitarbeiter ehrenprälaten hohe
prälaten apostolische pronotare golddurchwirkt an einer
goldenen kette zu tragen das brustkreuz grün-golden
rot-golden der rote hut mit den goldquasten und das
schweißtuch wurden schon länger abgeschafft

roma centro 8

regen-rom nicht wirklich geprassel
ein durchgehend nasses geräusch füllt
die gassen mit nur nötigen gängen
pfützengeplatsche absatzgetrappel
regenschirmgehusche unterwassert
jeder ton tropfen verzischen zwischen
den stühlen an gasheizstrahlersäulen
innen rot die verprassen gigantisch
kleine glühwärmen an die luft vor den
bars in schals unter sonnenschirmen
noch dicht sitzen die geübten trotzen
mit zigaretten rauchverboten und
dem geschütte von oben herab

zeitungsluft

geringeres stammkapital kürzere fristen aktien
rentabler als eigenheim ertrag steigt rekordjahre
wieder dividende das automatische akkreditiv die
bank als interessensgestalter ihrer kunden druck
kann erlaubt sein the spirit of commerce mehr mit
weniger beschäftigten effizienzsprung integrierter
datenverkehr reengeneering der geschäftsprozesse
verbesserte trennschärfe inkompatibilitäten auf der
spur sortimentsanalyse kaufwünsche wecken freie
fahrt überall flexibler arbeiten mehr vom leben pakt
zur standortsicherung rückkehr in die spitzengruppe
insolvenz als chance kostenlose hilfe für investoren
das geheimnis des erfolgs anwaltsdichte wächst das
wir-machen-den-weg-frei-prinzip stiftung für besseres
image lachender dritter in die hände spucken und los

roma centro 9

cousinen-rom ihr little india mitten in der stadt
wiegt sie nach gramm korallen ab silber steine
ringe jahre liegen in vitrinen aus kettenkreise
seidenschatten buddhascheiben an der wand
gutgelaunt gutgenährt gütig günstig verbracht
hierher darunter schmal sie aber laut auf ihrem
thron einem hocker von wo sie rauchend regiert
güter zählt schmerzsummen bündelt gegen den
täglichen tag von hochzeiten schwärmt tempeln
maharanis bars märkten elefanten unverschämt
glatter indischer haut worauf sie baut nicht auf
den ernst einer leiche der papst ihre erste sagt
sie typisch spät beiläufig im nebensatz dabei
schaut ihre eine hälfte wie das omakind das
sie ist aus sie stöhnt aber nach gibt sie nicht

zeitungsluft

das alte rein-raus-spiel in bekannten rollen der weg
nach westen in schmieriger lage auf sich selbst gestellt
sauberer beitrag zur reduzierung die vergessenen kriege in
afrika verhältnisse opfer viel weniger asylwerber gesucht
director human resources verwalter die wut im koffer hart
und teuer erklagt von allen guten geistern verlassen investor
golfer autonarr auch er musste sich die finger schmutzig was
es braucht das land richtung dichte gleichheit beschränkt
nächstenliebe leider unterwegs unfälle bei hilfsaktionen wir
müssen draußen bleiben der frust der charterflieger wenn
dann ehrung aller opfer angler ärzte posaunisten europa
in der luft quotenabflachung via gemeinschaftstransporte
charakter wäre unbezahlbar aber eigentlich teuer nicht

macchiato-denken 5

spüren untrüglich die repertoire bis
hierher halten nicht ewig vor den
einsatz von worten fingern kräften
bräuchte es jetzt tauchen mitten
in den alten choreografien kalte
sequenzen auf zornnahe zauder
die sich gestatten die kühlen die
hitzen die hinten liegen daneben
kleider stücke steppen gesagte
sätze nur getrunkene schlucke
knöchelweiß dein fuß ihr bein

zeitungsluft

karajan auf der rennpiste schwimmstar in
feuerhölle fehler im getriebe des f2005 held
mit überbiss hengst acatenongo wer zuerst
kommt fährt auch zuerst einmal volltanken
neue maßstäbe vor dem freien fuß wo bleibt
das ding-dong nach dem schiffbruch tadel von
der alten dame fragliche vertragsverlängerung
müder abschied letzte verrenkung alles fürs
titelblatt schluss mit sündenbock jetzt will er
geld tiger boxt weiter bielefeld muss büßen
man fragt sich warum tut er sich das an die
zeiten der goldbepflasterten straßen sind ein
für alle mal vorbei zwölf spiele sperre hirnlose
vollidioten zu spät allianz gegen franz das 0:1
reduziert die chancen auf fernreisen mit nudeln
überfüttert neueste version auch b-probe positiv

roma centro 10

täglich mehrmals auf ihrer runde geht
sie hier vorbei knallrot lippen nur um
zentimeter links verschoben auf die
wange geschminkt ex-stöckelgang
der sie nun schleifend in mokassins
über den asphalt zieht sie treibt in
strähnenhaaren geladen mit zornen
führt sie unverblümt abgetakelt die
schnittmuster vor am eigenen leib mit
flecken befleckt mehrfacher herkunft
sie brüllt durch sie weicht keinem aus

zeitungsluft

die papstmacher so wählen die 117 kardinäle
den stellvertreter gottes wird dieser deutsche
heute papst 58 aus europa aus italien 20 no
martini no party ratzinger der favorit konklave
spannend wie fußball-wm inside vatikan was
ich höre don camillo in milano verschachtelte
bürokratie gruppengelöbnis bringt sie uns jung
so gehören sie der kirche für immer einbruch
bei mexikos kardinal rom vor neuem ansturm
von pilgern hier ruht santo subito jpII sein grab
aus schneeweißem marmor darüber die heilige
jungfrau wacht traueranzeigenannahme blöde
frage kriegt der papst eigentlich ein gehalt die
spannung steigt ein zug alter männer ich habe
gebetet herr tu mir das nicht an alle türen zu

roma papamania 9

gespenstisch rom autolos einäugig
blinken die ampeln ihr gelblicht ab
kreuzungenrast asphalteschlafen
kopfsteinpflaster einzeln und still
heben kuppelgruppen ihre bäuche
atmen ein und aus der last ihrer
krümmung heben sich heimlich
brückenrücken heraus untersagte
verkehre eine art blutleere gegen
mitternacht gehst du bewacht von
carabiniericliquen an die sperrgitter
gelehnt mitten auf der fahrbahn heim

zeitungsluft

vor der papstwahl die heilige stadt zwischen begräbnis und
konklave petersplatz wieder besenrein im schlepptau der
unbefleckten blutjunge mönche renitente greise werbende
kardinäle der camerlengo sein privileg er hat die schlüssel
das einzige handy techniker suchen in seinem auftrag die
sixtinische kapelle nach wanzen ab er sperrt seine brüder
hier ein streng geheim eine silberne urne din-a4-blätter für
strichlisten gut zweidrittelmehrheit kleine weiße zettel nach
jedem wahlgang ein stich mit der nadel genau an der stelle
wo eligo steht reiht man sie an einer schnur auf verbrennt
sie samt den notizen im legendären kanonenofen der erst
aus dem depot geholt werden muss für schwarz wird pech
beigegeben gleich daneben liegt das zimmer der tränen
drei weiße papstgewänder verschieden groß rotes sofa
ein helfer die insignien manche sollen aus angst nicht
nur geweint haben sondern zusammengebrochen sein

roma papamania 10

fehlalarm während der reporter
vernarrt in die eigene erregung
vor diesem mickrig von drähten
am palastdach gehaltenen kamin
seinen fumata bianca den er sah
beschwört erklärt schwärzt es sich
ein hinterrücks grau rauchschwaden
bewachsen die ausgeleuchteten
schultern dunkeln die sendung
an daran stürzt seine stimme
durchgängig selbstredend ab

zeitungsluft

wir sind papst unser josef ist benedikt eine
jahrtausendsensation gamsbärte lederhosen
weiß-blaue trachtler beherrschten den platz
sein feines lächeln die wunde schönheit erster
deutscher seit 482 jahren seit 275 jahren das
am wahltag dienstälteste kirchenoberhaupt
auf der benediktionsloggia unser benedikt er
der vertraute von santo subito jpII die menge
jubelte benedetto benedetto die welt gratuliert
dem neuen papst ein bescheidener arbeiter im
weinberg des herrn auch neu das wappen die
unterschrift muss er noch üben der päpstliche
terminkalender seine berufswünsche als kind
als einmal ein kardinal in unsere gegend mit
seinem gewaltigen purpur so dass ich gesagt
habe so was möchte ich werden neue serie
mein freund der papst so geht es jetzt weiter

roma papamania 11

der echte über rom der himmel wolkig graugestuft
miesgelaunt der kamerahimmel mit so viel fotorot
geladen zartrosa lügt es die großbildschirme voll

die echten kardinäle kardinalsrote pünktchen
mausklein hinterfensterköpfchen an balkönchen
einer kolossalen fassadenfelswand riesig die
kamerakardinäle in so viel fotokardinalsrot getunkt
dass sie übersteuern es löst leinwandflirren aus

bald auf abmarsch die echten menschen auf dem
echten platz nach dem echten habemuspapam
weil es nicht gar so viele so freut aber nach dem
kamerahabemuspapam auf der fotoplatzaufnahme
gefilmte menschen im jubel standhaft die handvoll
dauergroßaufnahme die aus fahnen kreischt

zeitungsluft

hirte in der welt der wölfe am tag nach der wahl vorbei
an harry potter ein mann von 78 jahren mit kindlichem
gesicht dienstag nachmittag nicht einmal unter den top
100 nun belegt er platz 1 bis 4 ein papst denkt nicht in
marktanteilen wie das amt seinen inhaber verändern kann
volltreffer papst-golf tourismusbranche deutsche lust auf
rom behutsame interpretation des unfehlbarkeitsdogmas
glücksgriff mit www.papst-benedikt.de schon am sonntag
reserviert von einem münchner der vor zig jahren aus der
kirche ausgetreten war am mittwoch bereits 550 artikel bei
ebay im angebot z.b. ein halbleeres bier als der ausspruch
kam haben wir die flasche abgesetzt und verschlossen ja
der herr weiß auch mit unzureichenden instrumenten zu
arbeiten ein gesamtkunstwerk reich nicht von dieser welt

roma millina 2

die nachbarn lauter junggroße männer
jungscharmäßig frisiert karierte hemden
über nicht ganz kleine bäuche drapiert
gescheitelt sie strahlen so eher das flair
aus dass mannsein rasiertsein ist trotz
schlechter haut jeden vormittag schleift
einer sackweise leergut hinunter vors
haus jeden mittag stemmt einer frische
flaschenkisten zur vereinstür hinauf ein
spalt wirft fahl licht in dunkle regale mit
grauen bierkrügen darauf hirsche rehe
tannen gebirge bäche blauweiß hängt
von ihrem balkon stets eine fahne unter
deinem fenster singen sie allabendlich
wiesenlieder waldgesänge mit gitarre
großer gott wir loben preisen werke
stärke aller zeit ohne ruh gläserhub
luftholen vor heilig heilig heilig einen
tiefen schluck nehmen vor so bleibst
du in je länger umso typischer es wird

zeitungsluft

zeichen für den frieden höfliche freude brillant brillant ein
schüchterner mit großer energie schrecken der gelehrten
willkommener bewahrer geistlicher ohne allüren apologet
der bescheidenheit der im umgang distanziert-freundliche
bayer mit der moshammer-intonation für liberale katholiken
wahrscheinlich der schlimmstmögliche ernstfall bedingter
glückwunsch ja verwirrung es wird schwer diesen papst zu
lieben keine schlagzeile wert taktische allianz der moralisten
entsetzlich froh konservativer verbündeter im vatikan papa
ratzi hat das größte finanzkapital hinter sich reine mär dass
er hart ist der hoffnungslos gottverlassene acker vergessen
die frauen südamerikaner afrikaner die homos ein mann der
es fertigbringt die inquisition als menschheitsfortschritt zu
verkaufen die hohe kunst brandherde kleinzureden mit
spitzbübischem lächeln lange kampferfahrung mit ihm

roma papamania 12

wie obstsortengruppen gestapelt
nach farben versitzen sie essend
die justizpalasttreppen aufgang
hochhaushoch für völker breit in
der vatikanflanke warten dass nicht
etwas kommt leuchtendgelb grellgrün
grellorange leuchtendweiß samariter
sanitäterinnen rettungen siestamäßig
einheitenbereitschaft auf abruf per
einsatz gehen alle wasserflaschen
zugleich ein trinkballett aufgefädelt
in stufen in der sonne zum mund

zeitungsluft

borten besätze säume aus seide knopflöcher
paspeliert pallium ornate leibschärpen stolen
kasel zeremonialgewand reisekleidung atelier
für klerusmode wo der papst arbeiten lässt die
mitra einst eine art kopftuch alles mit magisch
verstandener funktion aus dem drüsensekret
der trompetenschnecke es ist farblos kam das
kardinalspurpur statusfarbe der könige eliten
zwölftausend tiere für nur wenige gramm ein
heidnischer luxus dann ein purpurimitat den
weibchen der kermes-schildlaus abgewonnen
nun längst synthetisch abgelöst die schuhe
schwarz früher mit heute ohne schnallen die
roten darf nur ein einziger tragen er zuerst
hat er noch ein wenig zerzaust ausgesehen
aber bis zum abendessen ruft begeistert der
schneider war er absolut perfetto der papst

roma centro 11

dieses sich in die
augen erkennen auf
plätzen in gärten an
kirchen vorbei plötzlich
blickdicht gegen licht
dass man einer eine
ist und dass das wer
gegensichtseitig und
ohne zu schauen sieht

zeitungsluft

engländer beleidigen deutschen papst gibt es einen
papst-neid bei den protestanten das ist das deutsche
papamobil auf einmal überall rauch was beim konklave
wirklich geschah plötzlich war der papst am handy der
pfeil zeigt auf marktl am inn bringt der papst ihn uns
den deutschen aufschwung engländer geschmacklos
hetze gegen unseren papst ich muss mich doch nicht
schämen der neue papst von a bis z deutscher papst
erste ausgabe in gold der treuekuss der kardinäle war
der neue papst je verliebt aber dass ich natürlich auch
durch freundschaft berührt worden bin das ist klar die
geschichte der fünfzehn benedikts wie fit ist der neue
heilige vater spielt mozart liest hesse trinkt weißbier
unser papst rührt die welt der erste tag die wichtigste
frau im leben des neuen papstes seine haushälterin

macchiato-denken 6

wollten wir etwas wie schwerkraft
sein ein unwiderruflich weil nichts
sonst half legten wir fährten die
erst vor uns lagen unser abdruck
schweißweiß sollten wir etwas wie
vorsatz bleiben ein ungesprochen
nie gewagt der himmel trank aus
stöckelschuhen absatzweise kam
es auf dass im ernst wir nie meinten
erste zu werden aus wortarm alles
hauteng engeln ansage mit beweis

zeitungsluft

sie fällt nicht auf wenn sie hinter ihm geht und doch
ist sie immer da exprofessorin an musikhochschule
übersetzte bücher vor vierzehn jahren trat sie die
nachfolge seiner schwester an die über jahrzehnte
ihm den haushalt geführt hatte nur wenige schritte
entfernt lebt in seiner wohnung sorgt kocht für ihn
am liebsten apfelstrudel und semmelknödel als es
klar war brach sie in tränen aus gleich danach kam
er zu ihr gott hat es so gewollt lass uns beide seinem
willen folgen und du don giorgio auch sein vielseitiger
sekretär brillanter theologe hochgewachsen sportlich
analytisch scharf fällt auf umgänglicher mensch auf
dem campo dei fiori öfters beim abendessen gesehen
tennis skipiste steile kirchenkarriere erzbischof holt
ihn kurienkardinal will ihn er wirbt ihn zu sich ab

roma papamania 13

festgottesdienst deutsche kirche an der pforte
das nomadengrüppchen halsbänder gestreift
vatikanfahnenträger das du nun schon tage
und aus den zeitungen kennst diese ansicht
der dinge laut foto sie sehen müde aus

in den wichtigen reihen alpha-menschen
einser-krawatten durchwegs mit dame
einer im stehen schüttelt hände durch
hat der nicht grad noch neben dir in der
bar sein bier hopp und ex also darum

mittschiffs rechts vor offenem notebook es
leuchtet bläulich auf ihn sein schoß augen
getrieben eins von unten eins über die köpfe
hinaus der papstfreundexklusivreporter in
der kirchenbank schreibt er noch schnell mit

dann einzug der nikoläuse denn so sehen
sie aus verkleidet alte männer gestylt in
kostümen gediegene brillen und auffallend
gesichtsfaltenfrei weihrauchhigh in ihrem
gefolge die ihnen folgen brüder brüder brüder

vorne aus wien ein sitzstreichquartett es bringt
die musikchoreografien mit österreichs beitrag
neben dem kardinal beim altar die säbelreihe
stiefelphalanx ja sind das nicht eisern wankend
an stangen stehen deine biernachbarn stramm

zeitungsluft

prosit dem pontifex in seinem geburtsort lassen es die
böllerschützen krachen spontanes volksfest geläut der
kirchenglocken bürgermeisteransprache festgottesdienst
fahnenabordnungen des trachtenvereins grenzlandler
krieger veteranen ortsfeuerwehr freibier im bürgersaal
tanzlmusi sein taufstein laut heimatmuseum wo seine
karriere beim herrgott begann heilig-geist-entscheidung
hut ab vom chef persönlich eigens erfundene leckerei
gratis papst-benedikt-mütze ratzinger-schnitte ein paar
meter weiter benedikt-torte vatikanbrot jeder marktler
der sich noch aus dem haus traut wird vor eine kamera
gezerrt und sagt sein sätzlein auf seine eltern hießen ja
schon josef und maria oberbräu verzichtet auf ruhetag
stammtisch bestellt zum frühschoppen ratzinger-halbe
nur wenn wir uns ehrlich sind in dem alter wo der
hat da kann es halt praktisch jeden tag aus sein auch

macchiato-denken 7

schon gefallen ihre würfel wenn
sie sie noch wirft schon gegeben
ihre karten während sie noch gibt
schon gezogen ihre striche die sie
nun gleich zieht so verlangt sie ihre
rechnung die war längst gemacht
wenn sie sie erst kreuzt verworfen
sind ihre pläne schon frisch besiegelt
ihre enden wie sie sie nicht nimmt

zeitungsluft

wandelbare welten schneller chinese ein schock mit
folgen auch indien lockt in der abfallwirtschaft gärt
es verdeckte recherche mühsame transparenz von
zweifelhaftem nutzwert zwischen defizit und zins
dieselhysterie nationale obsessionen der mann auf
der brücke in russischen händen gaskonzern lenkt
ein das standardkonzept nur die chefs austauschen
würdige nachfolger der sand am meer füllhorn für
forscher wohnformen für demente richtig angepackt
zahlt sich alles aus schlechte saat neuer ahn gutes
geld alles fließt kein eisernes zaudern so bringt das
nichts weg mit den tausend sternchen bestes von der
stange ein lichtstreif am horizont in aller freundschaft
vertrauensfrage einfach zu klein um partner zu sein

roma centro 12

cousinen-morgenübung in etwas
höheren schuhen kopfsteinpflaster
plätzelang tanzt sie an unter deinem
fenster geht sie täglich ins geschäft
läutet heute stimmenmäßig hörbar
ein launentag sie flucht es ist halb
neun du im pyjama also schönes
leben während sie das spricht sie
nicht aus sie weiß es liegen viele
gute gegenreden parat sie sagt
komm du sagst nein ich komme
später sofort ist es ein moment
von einst wie es war streitbereit
machtproben befehlsversuche
mit augen in den kehlen zögern
wir offen aber wir lassen sie zu

zeitungsluft

vorstoß in die hölle wuchernde wächter zeitfenster
sternengreis blütenteppich riesennester zwei tarife
und schluss sie schrieb die noten er korrigierte das
rollkragenpullovermitglied erschütterte seismologen
bemannte fluchobjekte freundlicher meteor dringend
gesucht selbst botschaften beteiligt mächtige lobby
weltweit sammler erbost neu entdeckt casinoaffen die
beste unterhaltung ist das glück premiumkompaktkombi
mit vorgarten-design bedienung kleine welttraumschiffe
infektionsweg unklar forscher forschen entschlüsseln
aber noch methodenwechsel weißer zwergstern bläst
staubreichen wind ab hausaufgaben gemacht jeden
montag einmal einer mehrheit angehören verspielen
sie alles milchstraßen gezeitenkräfte doppelgestirne

macchiato-denken 8

sie ganz außendienst du ein
innenland zwischen keinmal
und immer kam sie und hielt
dich satt diese lieben nicht die
eine vor den andern ganz nur
sie wer kommt nach ihr geht
ihr nach über wasser leichen
fassung ihr fass deinen verstand

zeitungsluft

der königsweg der presse ein platz zum stehen
goldene träume gemeinsame sache immer neue
fundstücke auf dem abgegrasten markt blühende
kulturlandschaften pharaonische größe unterschwellige
botschaften jenseits strafrechtlicher kategorien privileg
armut schöne geschichte sing maulesel bitter und in
süßem schmerz die freuden der feinstaubbekämpfung
ringe um jedes prozent denkprogramm mit schleuder
und harfe die wahrheit braucht keine übersetzung
trennen lernen reform der rechtschreibreform

nach rom

was bei dir blieb april 05 eine regenausdauer eine
cousinen-erneuerung antike interieure aufgesetzt
wie das rustikale bei uns ein abgang der abgängen
folgte ein auftritt der auftritte nach sich zog eine
innenstadtweite spur plastikgrüner flaschen zu
allerheiligstem hin ein fußballplatzrhythmus der
päpste als torhüterkürzel skandiert auf linie diese
geisterbahnhafte seilschaft die kardinalsphalanx
männerbündisch praktisch alles hier in massen
leute lärme fragen darauf keine antwort was das
ist und wird wir zwei ein in den gassen denken

sag kurz was es nicht war

kein gang in den schuhen
des fischers vielleicht ein
hang zu den beinen der
fischerin hin roma mia finita

mit besonderem dank an

bo.
ms
cousine c., asi + giac
carina + peter
anna r.
uli k.

und an gina, doris, vero — dafür, dass ich seit so vielen jahren und immer wieder an eure küchentische zurückkehren kann ...

Die Arbeit an diesem Buch wurde durch ein Großes Literaturstipendium des
Landes Tirol gefördet.

Gedruckt mit Unterstützung durch die Kulturabteilung des Landes Tirol

Bibliografische Information Der Deutschen Bibliothek.
Die Deutsche Bibliothek verzeichnet diese Publikation in der Deutschen
Nationalbibliografie; detaillierte bibliografische Daten sind im Internet über
<http://dnb.ddb.de> abrufbar.

ISBN-10: 3-7082-3181-3
ISBN-13: 978-3-7082-3181-5

© 2006 by Skarabæus Verlag Innsbruck–Bozen–Wien in der Studienverlag
Ges.m.b.H., Erlerstraße 10, A-6020 Innsbruck
skarabaeus@studienverlag.at | www.skarabaeus.at

Alle Rechte vorbehalten. Kein Teil des Werkes darf in irgendeiner Form
(Druck, Fotokopie, Mikrofilm oder in einem anderen Verfahren) ohne
schriftliche Genehmigung des Verlages reproduziert oder unter Verwendung
elektronischer Systeme verarbeitet, vervielfältigt oder verbreitet werden.

Buchgestaltung nach Entwürfen von Kurt Höretzeder
Satz: alpengluehen, heimatgrafik — alpengluehen.net
Umschlag: Skarabæus Verlag / Karin Berner
Umschlagfoto: www.fotowerk-aichner.at | Das Umschlagfoto zeigt einen
Ausschnitt der Skulptur »Flügelseele« von Ulrike Fuchsberger
Lektorat: Skarabæus Verlag / Georg Hasibeder

Gedruckt auf umweltfreundlichem, chlor- und säurefrei gebleichtem Papier.